AF461637

ESSAI
SUR
LES CAUSES
DE LA
DIVERSITÉ
DES TAUX
DE L'INTÉRÊT DE L'ARGENT
CHEZ LES PEUPLES.

A LONDRES,

Et se trouve

A PARIS,

Chez DUCHESNE, Libraire, ruë S. Jacques, proche S. Benoît, au Temple du Goût.

M DCC LVII.

ESSAI

Sur les causes de la diversité des Taux de l'intérêt de l'Argent chez les Peuples.

C'EST une opinion aujourd'hui généralement reçue, que l'intérêt de l'Argent a une influence sur l'Agriculture & sur le Commerce.

Cette opinion admise, il seroit superflu d'examiner s'il est important de connoître les causes qui en déterminent le Taux ; l'utilité de cette recherche est évidente. Mais pour donner une plus grande intelligence de la matiere, il n'est pas inutile de reprendre les choses dans le principe, & de rappeller sur la nature & sur l'introduction des

Monnoyes dans les Sociétés, des idées que l'uſage & le temps ont pû changer ou effacer.

Nous ne connoiſſons qu'imparfaitement la naiſſance des Monnoyes; quelle qu'en ſoit l'époque, avant ce temps le Commerce ſe faiſoit par échange.

A meſure, ſans doute, que les Sociétés ſe ſont formées ou accrües, qu'il s'eſt établi des rapports & des communications plus intimes entr'elles, ou peut-être que les changemens arrivés dans la maniere de vivre des hommes ont multiplié leurs beſoins, il eſt devenu auſſi plus difficile d'y ſatisfaire par l'échange : les hommes ont eu recours à des ſignes communs qui repréſentant ſans ceſſe toutes les choſes qui étoient dans le Commerce, puſſent être auſſi perpétuellement échangés avec elles, les métaux ont été choiſis pour remplir cette fonction.

Les Métaux devenus par cette convention, les ſignes de tous les objets du Commerce, il s'eſt formé, ſi [j'oſe me ſervir de ce terme,] un tarif de repréſentation qu'a réglé le degré d'eſtime qu'avoient les hommes pour une quantité quelconque de chacune de ces choſes déterminée par des meſures convenües. Les fonds ont acquis de même que toute autre choſe une valeur numéraire, & comme ils n'ont de valeur réelle que par leurs produits, leur valeur numéraire s'eſt formée ſur la valeur numéraire de leur produit annuel qui eſt devenu leur meſure de quantité dans le Commerce; de-là il s'eſt établi une proportion entre ces deux valeurs, qui forme ce qu'on appelle le denier, ou le prix des fonds.

Par une ſuite de la convention, ces Métaux ont uſurpé la nature même des biens. Ils ont acquis à leur tour la valeur réelle de tout ce qu'ils pouvoient repréſenter. Leur qualité de ſignes étant telle que celui qui poſſédoit ces Métaux pouvoit conſtamment les échanger avec des biens quelconques, & celui qui avoit ces biens les échanger avec des Métaux, ces choſes n'ont plus été diſtinguées par leur nature ; les hommes n'ont plus mis de différence entr'elles : ils ont fait entrer ces ſignes dans le Commerce ; ces biens fictifs ont eu leur produit comme les biens de la terre ; ce produit eſt ce que nous connoiſſons par intérêt d'argent.

Mais ſur quoi s'eſt formé dans le principe ce produit d'une portion de métal quelconque ? Cet intérêt de l'argent a-t-il été déterminé d'abord ſur la proportion de la valeur numéraire des fonds à la valeur numéraire de leurs produits ? N'a-t-il été qu'un prix arbitraire du prêt fixé en raiſon du rapport du nombre des Emprunteurs au nombre des Prêteurs? Ou les Légiſlateurs ont-ils fixé dans l'origine ce louage des Monnoyes, nous n'avons ſur cela de notions certaines que celles que peut nous donner la ſituation actuelle des choſes.

Les loix connües qui ont fixé le taux de l'intérêt de l'argent chez les Peuples, ſuppoſent toutes cet intérêt déjà établi.

Il eſt probable que les biens réels & leurs ſignes ſe repréſentant mutuellement dans le Commerce, le Taux de l'intérêt s'eſt formé ſur la proportion de la valeur numéraire des fonds à la valeur numéraire de leurs produits. On ne voit pas ſur quoi auroit pû être determiné l'intérêt d'une portion de Métal quelconque, ſi ce n'eſt ſur le produit de la même portion de Métal repréſentée dans des fonds les ſeuls biens réels. Le rapport du nombre des Emprunteurs au nombre des Préteurs, qui n'eſt qu'un effet du degré d'activité de la circulation des eſpeces peut bien faire varier un intérêt d'argent déjà établi; mais il ne paroît pas avoir pû être la matrice du Taux de l'intérêt : il eſt plus naturel de penſer que les fonds & leurs produits ayant acquis par la même convention une valeur numéraire, la proportion de l'une à l'autre de ces valeurs a déterminé dans le principe le Taux de l'intérêt.

Quoiqu'il en ſoit; que le Taux de l'intérêt ſe ſoit formé ou non, dans l'origine ſur cette proportion, elle eſt évidemment aujourd'hui l'objet de comparaiſon ſur lequel il ſe détermine, & l'expérience nous a appris qu'elle ne change pas que le Taux de l'intérêt ne ſouffre auſſi des variations.

Pour découvrir les cauſes qui déterminent le Taux de l'intérêt, il faut donc remonter à la cause premiere qui régle généralement chez les Peuples la proportion de la valeur numéraire des fonds à la valeur numéraire de leurs produits, puisque c'est sur cette proportion que paroît aujourd'hui se former le Taux de l'intérêt.

Cette cause est la circulation des especes ; leur masse en elle-même n'y entre pour rien ; si son accroissement, ou sa diminution influe sur le prix des fonds, ce n'est qu'autant que ces changemens provoquent ou rallentissent la circulation ; de quelque quotité que se fît la diminution de la masse des especes dans un Etat, s'il étoit possible qu'elle s'opérât sans que la circulation en fût affoiblie, les fonds ne changeroient pas de prix ; ils baisseroient comme toute autre chose de valeur numéraire ; chacun d'eux seroit repréſenté par un moindre volume d'eſpeces, mais leur prix, cette proportion de leur valeur numéraire a la valeur numéraire de leurs produits que nous appellons le denier, ſeroit la même. Ce n'eſt qu'autant que la circulation moins active rendroit les amas d'eſpeces plus rares, plus difficiles à former, que les fonds baiſſeroient de prix.

Avant de paſſer plus avant, il n'eſt peut-être pas inutile de m'expliquer ſur ce que j'entens par *Circulation des Eſpeces.*

La circulation des eſpeces eſt l'achat & la vente de toutes choſes fondée ſur les beſoins des hommes, & provoquée dans chaque Etat par la conſommation intérieure, & par l'exportation.

Ces achats & ces ventes, ou ſi l'on veut ces échanges des eſpeces avec toutes les choſes, & de toutes les choſes avec les eſpeces ſe font & ſe répétent plus ou moins rapidement ; c'eſt ce que j'entends, à l'égard de la circulation, être plus ou moins active.

La Nature & la Fortune diſtribuant ſans ceſſe inégalement entre les hommes les talens & les biens, toutes les choſes, je veux dire, les fruits de la terre, & ceux de l'induſtrie humaine paſſent de Citoyen à Citoyen, de Peuple à Peuple, à raiſon de leurs beſoins des unes, & de leur ſuperflu des autres, par la voye des eſpeces qui vont s'accumuler entre les mains des hommes qui ont pû raſſembler un plus grand ſuperflu, ou une plus grande quantité de quelques-unes de ces choſes.

Suppoſons donc qu'il y ait perpétuellement entre les mains de quelques hommes un certain nombre de quantités quelconques de ces choſes qui par l'échange qui en eſt fait avec des eſpeces, forment ce que nous appellons *capitaux*, plus ces échanges ſe feront & ſe répeteront rapidement, plus il y aura conſtamment de capitaux dans le Commerce qui repréſenteront les fonds en vente, plus le prix des fonds ſera haut *, & moins au contraire ces échanges ſe répeteront promptement, plus le prix des fonds ſera bas; les eſpeces ſe raſſemblant plus lentement, il y aura conſtamment moins de capitaux à employer en fonds, ou à prêter à intérêt.

Mais l'emploi de ces capitaux, ſoit en acquiſition de fonds ou en intérêts d'argent, ſuppoſe la confiance, c'eſt-à-dire une aſſurance égale entre ceux qui échangent de jouir des choſes échangées **, lorſ-

* On ſuppoſe ici qu'aucune cauſe ne détourne les poſſeſſeurs des eſpeces, de les mettre hors de leurs mains.

que la confiance n'eſt pas égale ou ceſſe de l'être à l'égard des deux objets à échanger, les échanges ſe font plus difficilement, & s'ils ſe font, c'eſt dans une proportion différente de quantité, d'une choſe à l'autre; de ces deux cauſes je veux dire la circulation des eſpeces, & la confiance ſe forment le prix des fonds, le Taux de l'intérêt, enfin les variations de l'un & l'autre dans chaque Etat.

La nature des Gouvernemens & les loix ſont dans ces conventions le principe & la baſe de la confiance, que la ſituation du corps politique affoiblit quelquefois.

Où la nature des Gouvernemens rend la poſſeſſion des biens incertaine, ceux qui peuvent plus aiſé-

* On entend ici par choſes échangées, les prêts à intérêt comme les fonds, parce que lorſqu'on prête un capital, on l'échange véritablement contre la faculté de recevoir dans un temps un pareil capital & un intérêt.

ment ſe cacher ou ſe tranſporter ont une plus grande valeur ; on y donne moins d'eſpeces que dans un autre Etat pour un fond de même produit, & l'intérêt y eſt plus haut en proportion. Mais à ſûreté égale des propriétés, le prix des fonds n'eſt pas le même dans tous les Etats, & quoique la poſſeſſion des fonds ſoit par tout plus ſûre que la poſſeſſion des intérêts d'argent, les Gouvernemens & les loix peuvent encore augmenter ou diminuer les riſques naturels des prêts ; de la combinaiſon de ces cauſes naît la différence du taux de l'intérêt d'un peuple à l'autre.

Quoique le prix des fonds déjà différent dans les Etats en raiſon de la circulation & de la sûreté des propriétés, ſoit l'objet de comparaiſon qui détermine le Taux de l'intérêt, ce Taux n'eſt pas formé en entier ſur ce prix ; il y entre une évaluation des risques plus ou moins grands de cette maniere de réaliser les especes, de même que les hommes comparent entr'eux ces produits, ils calculent aussi les avantages & les risques de toutes les manieres d'employer les especes ; nous voyons que jamais les produits d'un même capital placé en fond de terre ou prêté à intérêt ne sont égaux en quotité numéraire ; c'est de l'évaluation de ces risques que se forme l'excédent perpétuel de l'intérêt de l'argent sur le produit des fonds dans chaque état.

Si les prêts d'argent étoient aussi sûrs que les fonds, si leurs intérêts étoient comme les produits des fonds, toujours en proportion avec la masse des especes, ces deux produits seroient égaux ; mais la sûreté ne peut jamais être la même, & les intérêts d'argent cessent encore avec le temps d'être en proportion avec la masse des especes ; cette différence entre dans la comparaison ; elle est compensée par un excédent produit.

Entre l'emploi d'un capital d'argent en acquisition de fonds, & l'emploi du même capital en constitution de rente, il y a donc nécessairement uune différence de produit arbitrée d'abord sur la diminution proportionnelle de cet intérêt, à raison de l'augmentation possible de la masse des especes ; & ensuite sur les risques particuliers de cette maniere de les réaliser.

Il est si vrai que ces comparaisons entrent dans le calcul des hommes, que l'intérêt n'est pas même égal dans tous les prêts, son Taux est toujours plus haut dans le Commerce qu'il n'est dans les prêts à constitution de rente, parce que les risques sont toujours plus grands dans cette espece de prêt que dans l'autre.

Les

Les Loix ont accordé parmi nous aux prêts à conſtitution de rente faits devant un Officier public le droit d'hypothéque, ſur les biens des emprunteurs; elles n'ont pas donné cet avantage aux prêts qui ne ſe font que ſur billets, ou lettres de change dans le Commerce, auxquels elles ont encore refuſé l'intérêt; ainſi quels que puiſſent être les riſques des prêts, ils ſont évidemment toujours plus grands dans l'un que dans l'autre, ils ſont évalués ſur ce pied; l'intérêt de l'argent dans le Commerce s'éloigne dans la proportion de ces riſques des intérêts à conſtitution de rente, & des produits des capitaux en fonds: de-là cette différence de produits d'un même capital placé en fonds de terre, aliéné à conſtitution de rente, ou prêté dans le Commerce ſur billets ou lettres de change.

Mais les risques des prêts sont plus ou moins grands dans les Etats, la diversité des Loix & des Gouvernemens, comme je l'ai dit, produit cette différence. Suivant que, par la nature des Gouvernemens, les propriétés qui sont les gages des prêts sont plus ou moins assurées dans la main des Citoyens, suivant que les Loix sont plus ou moins favorables aux prêts, que les formes judiciaires pour contraindre les débiteurs sont plus ou moins dispendieuses, les risques des prêts sont évidemment plus ou moins grands. C'est dans ces constitutions politiques & civiles que réside le degré de confiance qui forme chez chaque Peuple, de Particulier, à Particulier, le *crédit général* ; des sujets à l'Etat, le *crédit public*.

Tous les Etats ont des revenus, dans tous les Etats il y a des hommes qui poſſedent beaucoup de ſonds, beaucoup de meubles, des hommes qui en poſſedent peu: ces choſes ſont les gages des prêts; leur effet eſt d'accroître la confiance en raiſon de leur quantité dans ces conventions. On voit bien, en ſuivant l'effet de l'exiſtence de ces gages, pourquoi un Particulier trouve à emprunter plus facilement, & à un moindre Taux qu'un autre Particulier; pourquoi un Etat emprunte à un Taux plus bas dans un temps que dans un autre, mais cette exiſtence n'indique pas pourquoi le Taux de l'intérêt s'éloigne toujours du prix des fonds chez un Peuple plus que chez l'autre: cette différence prend ſa ſource dans les conſtitutions politiques & civiles.

Si le Gouvernement peut anéantir, quand il voudra, ſes engagemens quelles que ſoient ſes forces & ſes revenus, les riſques ſeront toujours plus grands dans ſes conventions que dans celles d'un autre Etat.

De-là vient qu'un Gouvernement Monarchique emprunte à un Taux plus haut qu'un Gouvernement Républicain.

Dans ces Etats ce ſont des hommes qui contractent avec eux-mêmes comme membres d'une Société qu'ils forment & qu'ils gouvernent; ils ne voyent aucuns riſques dans ces prêts qui ne ſoient communs aux biens qui reſtent dans leurs mains, & l'influence qu'ont dans la plûpart de ces Gouvernemens tous les ordres de l'Etat donne dans ces conventions au général du Peuple une confiance que n'ont preſque jamais au même degré les Peuples dans les Monarchies; s'il falloit un exemple pour appuyer cette opinion, on trouveroit aisément un de ces Etats qui quoique plus obéré, & avec moins de richesses que quelques autres, emprunte encore à un Taux plus bas.

Cet esprit de calcul qui influe sur le Taux de l'intérêt dans les emprunts publics, n'y influe pas moins dans les conventions particulieres. Quelle que soit la fortune apparente de celui qui emprunte, s'il peut cacher les engagemens antérieurs qu'il aura pris, s'il peut impunément aliéner les gages des prêts, ou les soustraire, si les Loix sont telles qu'on puisse se méprendre sur l'existence de ces gages; enfin, si les formes judiciaires sont si multipliées qu'elles puissent enlever une portion indéterminée de ces gages au prêteur, la confiance dans les prêts ne peut pas être aussi grande dans cet Etat que dans tout autre, & l'intérêt de l'argent y sera toujours plus haut en proportion.

Deux choſes déterminent donc généralement le Taux de l'intérêt de l'argent.

L'activité de la circulation des eſpeces, & la confiance.

Ces principes établis, la différence du Taux de l'intérêt d'un Peuple à l'autre n'eſt plus un problême.

Si on jette les yeux ſur les Peuples qui poſſedent les mines d'or & d'argent, on n'eſt plus étonné de trouver l'intérêt au milieu des ſources de ces Métaux à un Taux plus haut qu'il n'eſt ailleurs : quelque fécondes qu'elles ſoient, ſi ces richeſſes, que ces Peuples tirent de la terre, ſortent ſans ceſſe de ces Etats, ſi elles y manquent d'objets d'échange ; ſi ces Métaux paſſent à meſure qu'ils paroiſſent chez des Peuples qui fourniſſent à ces Etats preſque tous les beſoins de la vie ;

s'il y a peu de travail, d'induſtrie, de Commerce ; il y a donc moins d'activité dans la circulation, moins de manieres d'acquérir des capitaux : ils s'y forment plus lentement, ils y ſont plus rares.

L'exploitation continuelle des mines peut être elle-même un obſtacle à la circulation chez ces Peuples : nous exigeons d'eux en échange dans le Commerce d'autant plus de leurs Métaux que nous en avons déjà tiré d'avantage : ſi ces Peuples n'augmentent pas le volume d'exploitation de leurs mines à raiſon de l'augmentation graduelle de la valeur numéraire des choſes qui ſe fait chez les autres Peuples, il eſt néceſſaire que la circulation y ſoit toujours languiſſante, & que ce ſoient les Peuples les moins heureux de la terre ; le bonheur de ces Peuples, (ſi on peut parler ainſi,) eſt placé au fond de leurs mines ; ils n'en jouiront , que lorſque ces mines ſeront épuiſées.

Qu'on joigne à ce défaut de circulation preſque inſéparable de la poſſeſſion de ces mines, la diverſité des Loix , & des Gouvernemens qui déterminent par-tout la confiance , on ne ſera plus étonné de la différence du Taux de l'intérêt chez ces Peuples , à celui de quelques autres Nations.

Le Commerce de la Hollande lui fournit peut-être chaque année, bien moins de richeſſes que n'en tirent de leurs mines les Peuples qui les poſſedent ; mais ces richeſſes y entrent par le Commerce, & l'induſtrie , & s'y diſtribuent dans mille canaux où elles circulent perpétuellement. Placé dans toutes ſes parties avantageuſement pour le Commerce , cet Etat s'eſt peuplé non pas en proportion avec l'étendue & la fertilité de ſon ſol, mais avec les reſſources que lui fournit le Commerce : la population s'y trouvant au-delà de la proportion ordinaire d'un Peuple avec l'étendue du Pays qu'il habite, il a en raiſon du nombre de ſes Habitans, & d'une plus grande activité dans la circulation toujours une plus grande quantité de capitaux à réaliſer, dont ſon peu d'étendue rend l'emploi rare & difficile : cela ſeul y tiendroit bas le Taux de l'intérêt de l'argent, ſi la confiance n'y étoit encore plus grande qu'ailleurs. Il y a chez ce Peuple qui ſe gouverne lui-même des tableaux publics où ſont inſcrits tous les fonds qui ſe vendent ou s'engagent : le Prêteur y connoît toujours la ſituation de l'Emprunteur, & le Citoyen celle de l'Etat.

Les fonds de la Banque qui y eſt établie, n'y offrent pas de moindres sûretés aux prêteurs ; enfin le Gouvernement y autoriſe encore une maniere d'emprunter, qui par la facilité qu'elle procure de trouver de l'argent dans le beſoin, & les ſûretés qu'elle donne auſſi au prêteur, ne contribue pas peu à y maintenir l'intérêt au Taux où il eſt ; c'eſt l'emprunt ſur gages ; il s'y fait à des caiſſes publiques qui reçoivent ces nantiſſemens.

Ce prêt à intérêt eſt défendu en France par les Loix de l'Egliſe, & par celles de l'Etat, & dans les mœurs il eſt devenu honteux. On ne peut diſconvenir que le mépris & la honte attachés à ce Commerce n'y ſont pas de ſimples préjugés ; ils portent ſur l'abus horrible que font ces prêteurs du beſoin de leurs Concitoyens, & cet abus ſera condamné par-tout où il reſtera quelques principes de mœurs. Mais cet abus eſt un effet de la défenſe ; les

Loix ont cherché à le réprimer, & il s'eſt accru de leurs diſpoſitions; devenu ſujet à des punitions & à des recherches, les prêteurs ſe ſont ſeulement attachés à trouver les moyens de mettre les Loix en défaut; l'intérêt eſt payé en raiſon de ces riſques, & ſon Taux a d'autant moins de bornes que ce Commerce devenu infamant n'eſt ſouvent fait que par des hommes déjà perdus de réputation.

Il eſt évident que ſi ce prêt étoit permis en France par le Gouvernement, ſi les Banquiers, les Agens de change, ou autres pouvoient faire ce Commerce, l'intérêt dans ce prêt ſeroit au Taux le plus bas, parce qu'il y auroit toute ſûreté pour le prêteur qui auroit un privilége ſur le nantiſſement reçu. Ce ſeroit une grande reſſource pour les Négocians, qui ayant pour l'ordinaire preſque tout leur bien dans le Commerce, n'ont aucune hypotheque à donner.

L'Angleterre n'a pas comme la Hollande des tableaux publics d'hypotheque, mais elle a une Loi particuliere qui n'eſt pas moins propre à aſſurer la confiance générale. Tout Créancier a la contrainte par corps contre ſon débiteur devenu inſolvable; cette peine n'y eſt point réſervée au défaut de payement des dettes contractées par la voye des lettres de change, ou pour affaires de Commerce; l'inſolvabilité y encourt indiſtinctement cette peine. Après les tableaux publics de la Hollande, je ne vois pas de Loi plus propre à anéantir la fraude, & à donner la confiance dans les prêts.

Où les conſtitutions politiques ſont différentes, où la confiance n'eſt pas la même, l'intérêt n'y peut pas être auſſi bas; il eſt à un Taux exorbitant en Turquie ; cependant cet Etat a plusieurs branches de Commerce : mais la confiance y manque absolument, la nature du Gouvernement l'anéantit, nulle part les propriétés ne sont aussi incertaines, & les risques des prêts aussi grands ; le peu de cas qu'on fait dans cet Etat de la vie & des biens des Peuples, la puissance sans bornes du Prince, celle de ses Officiers, les droits qu'il a dans les successions de ses sujets dans une multitude de cas, la maniere arbitraire d'y juger de la vie & de la fortune des hommes ne laisse pour ainsi dire aux Emprunteurs à donner pour gages dans les prêts qu'une jouissance précaire de toutes choses. Tous ces risques accrus encore par la défense de la Loi de percevoir aucun intérêt qu'elle confond avec l'usure, sont évalués, & y tiennent nécessairement l'intérêt de l'argent à un Taux plus haut qu'il ne ſeroit, ſi cet Etat avoit un autre Gouvernement.

C'eſt dans la comparaiſon de cet Etat avec les Républiques, & ſurtout avec les Monarchies, qu'on voit davantage combien influent les conſtitutions politiques ſur le Taux de l'intérêt de l'argent. Dans les Monarchies, comme dans le Gouvernement Turc, c'eſt par ſa volonté ſeule que le Souverain gouverne, mais ce n'eſt pas par une volonté momentanée, ſans régles, ſans bornes, contredite, ou anéantie ſans ceſſe par d'autres volontés qui la ſuivent. C'eſt toujours par une volonté réfléchie, conſacrée dans les faſtes de l'Etat, & promulguée dans des formes convenues; volonté à laquelle le Souverain aſſujettit toujours ſa propre puiſſance dès qu'il l'a rendue publique; ce tempéramment du pouvoir abſolu, ces régles écrites, & inviolablement ſuivies dans l'exercice de ſa puiſſance par ceux à qui il l'a confiée pour juger de la vie & de la fortune de ſes ſujets ſont dans cet Etat les liens de la confiance des Peuples ; propriétés, conventions de Sujet à Sujet, conventions publiques entre l'Etat & les Peuples, tout devient certain par les bornes volontaires que le Souverain a ſçu mettre à ſon pouvoir ſur la vie & les biens de ſes ſujets, & par l'exécution inviolable de ſes Loix civiles ſur les propriétés.

De cette conſtitution politique naît une confiance genérale qui influe ſur le Taux de l'intérêt que les diſpoſitions des Loix particulieres à chaque Peuple ſur les propriétés & ſur les prêts, les formes judiciaires pour contraindre les Débiteurs, & enfin la ſituation du Corps politique acheve de déterminer.

Il en eſt d'un Etat dans ſes emprunts, comme d'un Particulier; à meſure qu'il multiplie ſes engagemens, il trouve plus difficilement à emprunter, & il emprunte à un Taux plus haut; mais cette multiplicité d'engagemens a cet effet, qu'elle diminue encore le crédit général; toutes les fortunes des Citoyens étant liées les unes aux autres par les conventions civiles, à meſure que les engagemens de l'Etat paroiſſent moins sûrs, l'opinion des Citoyens ſur leur ſolvabilité mutuelle ſouffre quelque altération.

De-là ſuivent deux conſéquences.

La premiere, que dans quelque ſituation que ſoit un Etat, il eſt toujours avantageux d'y avoir des Corps aſſez riches, ou des Particuliers aſſez accrédités & par leurs biens & par la confiance qu'ils ont ſçu mériter, pour pouvoir emprunter ſous leur nom, puiſque c'eſt un moyen d'emprunter dans le beſoin à un Taux plus bas, mais encore de ſoutenir le crédit général par le crédit public.

La ſeconde, que le rembourſement des dettes d'un Etat eſt un moyen toujours sûr d'accroître la confiance.

Il n'eſt point d'Etat dont on ne puiſſe acquitter les dettes quelque conſidérables qu'elles puiſſent être; il eſt calculé qu'avec un million par an, & y joignant les intérêts des ſommes acquittées, on rembourſe ſix cent ſept millions en ſoixante-dix ans : ainſi un Etat qui devroit cette ſomme en capitaux de rentes, pourroit les amortir dans cet eſpace de temps avec une épargne annuelle d'un million ſur ſes revenus.

On ne prétend pas par la comparaiſon de ces deux ſommes faire trouver un gain à l'Etat qui rembourſe, quoiqu'il y ait cependant une différence réelle entre un Etat dont les capitaux reſtent oiſifs, & un Particulier qui forme de l'intérêt d'un capital d'autres capitaux qui lui donnent des intérêts; on ne prétend qu'indiquer une voye de rembourſement qu'un Etat peut employer ſans changer la deſtination de ſes revenus annuels.

Il ne faut pas ſe le diſſimuler, c'eſt la défiance que donnent les charges anciennes de l'Etat qui fait que le Roi paye en France l'intérêt preſque toujours au-deſſus du Taux courant, & que les Particuliers n'ouvrent leurs bourſes pour les beſoins, que lorſqu'il leur offre des gains exorbitans & tels qu'ils ne les trouveroient même pas avec le ſecours de l'induſtrie la plus heureuſe : on craint encore que les charges ne s'accumulent à un point que l'Etat ſoit forcé à des opérations déjà pratiquées. Il n'y a qu'un petit nombre d'hommes qui voyent que la connoiſſance des effets malheureux de ces opérations eſt l'aſſurance la plus forte qu'on puiſſe avoir qu'elles ne ſeront jamais renouvellées; qu'il en eſt de ces opérations ſur les dettes publiques, comme de celles qui ſe ſont faites & réitérées tant de fois ſur la valeur des Monnoyes, dont on ne ſe ſouvient aujourd'hui, que parce qu'on n'a pas ceſſé encore d'en être étonné.

C'eſt cette crainte, cette défiance ſi peu fondée que le Roi paye dans l'intérêt des ſommes qu'il emprunte, & qu'on ne peut détruire qu'en diminuant les charges anciennnes. On verra, ſi on veut y faire attention, que leur tableau anéantit juſqu'à l'effet qu'auroient dû produire ſur l'opinion publique les caiſſes d'amortiſſement des nouveaux emprunts ſi heureuſement pratiquées de nos jours.

L'intérêt de l'argent déjà plus plus ou moins haut en raiſon de la circulation des eſpeces, de la nature des Gouvernemens, des loix & des charges publiques, s'accroît encore des dangers de l'Etat. Les fortunes des Particuliers étant liées à l'exiſtence & à la conſtitution du Corps politique, le Taux de l'intérêt change toutes les fois que par des cauſes & des événemens qu'on ne peut pas généralement déterminer, la ſituation de l'Etat paroît ou devient moins heureuſe ; alors la circulation ſe ralentit, la défiance reſſerre les capitaux formés, & les prêts ſont ou paroiſſent moins ſûrs qu'ils n'étoient : c'eſt l'évaluation de ces risques considérés dans les rapports des fortunes des Particuliers à la situation du Corps politique, qui fait varier si fréquemment l'intérêt de l'argent, & le fait monter au Taux exorbitant où on l'a vû quelquefois ; ilmonte en proportion avec l'opinion du danger.

Tout cela démontre l'inutilité d'une Loi qui fixe l'intérêt de l'argent dans un Etat, puisqu'elle ne donne ni la circulation, ni la confiance qui en établissent le Taux ; l'expérience d'ailleurs a appris que si cette Loi peut retenir le Taux de l'intérêt dans une certaine nature de conventions, dans les aliénations à constitution de rente, elle ne peut rien sur son Taux dans le Commerce : on y suit malgré elle le cours naturel des choses, c'est la circulation, la confiance qui en forment le Taux; la Loi qui l'a fixé en France à cinq pour cent, ne l'a point empêché de doubler & de tripler même dans des temps.

L'effet d'une pareille Loi n'eſt que de faire monter les fonds, & la main d'œuvre de prix dans l'inſtant qu'elle eſt promulguée, ſi elle contient une réduction ; & après que toutes choſes ſe ſont rétablies en proportion de valeur, elle n'a plus d'autre effet que d'accroître la gêne de la circulation, toutes les fois que par le cours naturel des choſes l'intérêt de l'argent devroit excéder ſa fixation, & de le retenir au Taux fixé, lorſqu'il pourroit être à un Taux plus bas. Cette Loi a produit préciſément le contraire de l'objet du Légiſlateur, elle n'a jamais empêché l'intérêt de monter dans le Commerce, mais elle en a arrêté ſouvent la baiſſe au-deſſous de la fixation.

Cet intérêt qui ſe perçoit ſans aliénation du capital, à peine toléré dans l'usage, a pour objet de comparaison le prix des fonds, & le Taux des constitutions de rente, & lorsqu'il est une fois tombé à six pour cent qui est le Taux ordinaire de comparaison que les hommes lui ont assigné par l'évaluation de ses risques, il ne baisse plus, tant que le Taux de l'intérêt dans les constitutions de rente reste le même, & ce Taux ne baisse que difficilement; on ne se détermine qu'avec peine à ne percevoir dans une aliénation qui peut être perpétuelle, qu'un intérêt au-dessous de celui que la Loi permet d'exiger, ce n'est qu'à la longue que l'on consent à ce sacrifice: cela fait que nous jouissons dans de si courts intervalles de cet avantage; il en seroit autrement si l'intérêt n'étoit pas fixé. Cette Loi est donc visiblement contraire à la circulation comme limite de l'intérêt dans les constitutions de rente, & elle eſt inutile à l'égard des conventions du Commerce dans leſquelles l'intérêt eſt toujours en raiſon de la confiance, que la défenſe même de la Loi affoiblit encore.

Il ſeroit à déſirer qu'il n'exiſtât point de Loix de fixation chez aucun Peuple ; & rien ne ſeroit plus conforme au bien du Commerce que leur ſuppreſſion.

Cependant quelques puiſſent être les effets de ces Loix, je crois devoir prévenir une objection qui pourroit être faite, & d'après laquelle on les jugeroit peut-être indiſpenſables. En convenant, me dira-t-on, de ces déſavantages d'une Loi de fixation, elle eſt du moins néceſſaire pour ſervir de regle dans les condamnations d'intérêt. Il n'eſt pas d'un Gouvernement ſage de rien laiſſer au jugement arbitraire des hommes. Cette objection eſt de nature à mériter une réponſe.

. Je ne peux pas diſconvenir qu'il arriveroit quelquefois que l'intérêt ne ſeroit pas adjugé au Taux où il auroit pû être porté ; mais cet inconvénient ſubſiſte même avec une Loi de fixation. Je demande ſi dans la ſituation actuelle des choſes on n'a jamais adjugé en juſtice à un Créancier l'intérêt de ſon capital qu'au Taux où il auroit pû le placer lui-même.

Nous avons vu les conſtitutions de rente à quatre & demi pour cent, nous les avons vues même à quatre pour cent avec privilége : dans ces temps on adjugeoit en juſtice l'intérêt à cinq pour cent, & cette fixation devenoit injuſte : il y a plus, c'eſt que généralement ces condamnations d'intérêt au Taux des conſtitutions de rente s'écartent de l'équité naturelle : car dès qu'un Créancier a le droit de pourſuivre le payement de ſon capital, il court moins de riſques que le Prêteur à conſtitution de rente, qui ne peut que dans des cas particuliers en demander le rembourſement, & qui eſt obligé de ſuivre la fortune de ſon Débiteur; & lorſque ce jugement ordonne, comme il arrive quelquefois, que leCréancier ſera payé, ſur une ſomme de deniers exiſtante alors ſous la main de la Juſtice, de ſon capital, & de ſes intérêts au Taux des conſtitutions de rente, on lui adjuge le prix de riſques qu'il n'a pas courus, qui ſont repréſentés dans l'excédent de cet intérêt, ſur le produit du même capital en fonds de terre.

On ne peut donc pas dans les variations que produiſent néceſſairement dans le Taux de l'intérêt la circulation & la confiance, établir une regle permanente ſur laquelle on puiſſe fixer en Juſtice le Taux de l'intérêt ; il faudroit pour conſerver cette équité, ſuivre ces variations mêmes, & peut-être ne ſeroit-il pas impoſſible de le faire.

Nous avons un uſage dans tout le Royaume qui ſert à fixer en Juſtice le prix des redevances annuelles en grains ; cette méthode pourroit être adoptée à l'égard des conſtitutions de rente ; on pourroit avoir à Paris comme dans la Ville du Royaume où il ſe fait le plus de ces ſortes d'affaires, un régiſtre ſur lequel on inſcriroit les différens Taux auxquels les conſtitutions de rente ſeroient faites, dont il ſeroit formé tous les ſix mois un Taux moyen qui ſeroit envoyé dans les Provinces pour ſervir de regle aux Juges dans les condamnations d'intérêt * ;

* Si le Créancier n'étoit pas content du Taux de l'intérêt adjugé, il pourroit pourſuivre ſon Débiteur pour le payement du capital.

mais, en ſuppoſant cette méthode trop embarraſſante, & en admettant qu'il faut une Loi à cet égard, il reſte deux choſes pour conſtantes, la premiere que le Taux de la Loi devroit être au-deſſous de celui des conſtitutions de rente au temps où elle ſeroit faite.

La ſeconde, que cette Loi ne doit pas être faite pour l'intérêt de convention que la circulation & la confiance doivent fixer.

J'ai fait voir le danger & l'inutilité tout à la fois de ces Loix comme limites de l'intérêt. Je vais faire voir qu'elles n'ont pas des effets plus heureux, lorſqu'elles en ordonnent la réduction.

La comparaiſon des Taux actuels de l'intérêt dans toute l'Europe avec les Taux des ſiécles paſſés a ſéduit les eſprits en faveur des Loix de réduction. On croit ne devoir qu'à elles la baiſſe de l'intérêt au Taux où il eſt : on ne fait pas attention que l'Europe de notre ſiécle ne doit pas être comparée à l'Europe de ces temps ; il n'y avoit ni commerce, ni circulation, ni confiance, on étoit preſque toujours en armes. Si nous étions expoſés comme alors à des inondations de Peuples étrangers, ſi la France étoit encore ſous le joug du Gouvernement féodal, ſi la puiſſance du Souverain étoit auſſi foible, & les fortunes particulieres auſſi mal aſſurées, ſi les Etats étoient encore auſſi agités au-dedans & au dehors qu'ils l'étoient dans les derniers ſiecles, que le bon ordre & la ſûreté publique n'y regnaſſent pas davantage, nous n'y aurions pas l'argent au Taux où il eſt dans le Commerce, malgré les Loix de réduction.

Quelque puiſſe être l'influence de la modicité de l'intérêt de l'argent ſur le Commerce, ce n'eſt pas par une réduction qu'on peut l'obtenir : ſi, en fixant le Taux des rentes, cette Loi fait baiſſer l'intérêt de l'argent dans le Commerce, elle fait auſſi monter de prix la main d'œuvre & les denrées ; un effet eſt détruit par l'autre.

Toute réduction d'intérêt fait monter les fonds de prix, nous avons ſur cela l'expérience de tous les temps & de tous les lieux.

De cette réduction d'intérêt, de cette augmentation du prix des fonds, il réſulte viſiblement une choſe ; c'eſt que pour ſe former un revenu quelconque, il faut un capital plus conſidérable qu'auparavant. Celui qui, au Taux de cinq pour cent, pourroit aujourd'hui avec un capital de dix mille livres acquérir un intérêt de cinq cents livres, ne le pourra plus dans une réduction d'un pour cent, qu'avec un capital de douze mille cinq cents livres ; de cette baiſſe il doit naître un changement, car les hommes auront toujours la même ambition, les mêmes beſoins, les mêmes goûts.

Ou le Peuple chèz lequel cette réduction ſera faite, deviendra plus économe & plus frugal, ou il y aura une augmentation de prix ſur toutes choſes.

Il eſt dans la nature un principe qui fait tendre ſans ceſſe tous les hommes à leur bien être ; cet état de l'homme conſidéré comme membre d'une ſociété eſt la jouiſſance de toutes les choſes néceſſaires à la vie, & qui la rendent commode & agréable ſuivant la maniere de vivre & le goût particulier de chaque Peuple ; c'eſt ce deſir commun à tous les hommes qui fait journellement la répartition de la quantité accrue des Monnoyes dans un Etat, entre toutes les choses en raison du degré d'estime qu'ont les hommes pour chacune d'elles : il tient lieu de convention dans ces sociétés sur les valeurs numéraires ; l'Artiste fait monter autant qu'il peut le prix de son travail, le Colon celui de ses denrées, sans songer l'un & l'autre qu'en augmentant le prix de ce qu'ils possédent, il augmentent le prix de ce qui leur manque, & le consommateur consent aussi à cette augmentation, à mesure qu'il reçoit lui-même plus d'especes.

Ce desir donné à tous les hommes, ne se borne pas à une jouissance précaire de toutes choses ; il les porte encore à s'assurer autant qu'ils peuvent cette jouissance par les propriétés, dans la valeur qu'ils s'efforcent de donner à ce qu'ils possedent ; il entre donc nécessairement une spéculation de la maniere de se procurer plus promptement

ment & en plus grande abondance ces biens ; ainſi, plus il devient difficile de les acquérir, plus les hommes s'efforcent d'augmenter le prix de tout ce qu'ils poſſedent : ce n'eſt point aſſez pour eux de ſe procurer les mêmes capitaux qu'auparavant ; ces capitaux, les fonds même ne ſont pas les vrais biens ; ils ne ſont que des cauſes, des moyens de ſe procurer ces biens qui ſont leurs produits.

Toute réduction d'intérêt dans un Etat change la condition de ſon Peuple ; puiſque chaque homme n'y peut plus par le même travail, ni dans le même eſpace de temps, ſe procurer le même revenu qu'auparavant, & ce changement produit néceſſairement une augmentation de prix ſur les choſes. C'eſt une taxe écrite de l'induſtrie, & des ſalaires des Ouvriers & des Colons qui les avertit ſans ceſſe que leur condition a changé, & les fait recourir à la ſeule voye de la recouvrer, qui eſt l'augmentation de prix de tout ce qu'ils poſſedent.

Il me paroît démontré qu'en même temps qu'une réduction d'intérêt fait monter les fonds de prix, elle fait auſſi monter la main d'œuvre & les denrées. L'expérience ſemble appuyer cette opinion, partout où l'intérêt eſt plus bas, toutes choſes ſont plus cheres.

Je ne décide point dans quelle proportion ſe fait cette augmentation : ce que j'apperçois clairement, c'eſt que cette augmentation doit être telle que le Peuple retrouve ſa premiere condition ; & que ſi la maſſe des eſpeces ne comporte pas cette augmentation générale, & devenue néceſſaire, elle ſe fera ſur les objets du Commerce, d'abord à raiſon de la néceſſité, & aprés de l'utilité dont elles ſeront : de-là encore des genres d'induſtrie qui peuvent être négligés ou abandonnés.

Quoiqu'aucuns Spéculateurs n'ayent parlé de cette augmentation, preſque tous l'ont ſentie, & on ſeroit tenté de croire que ce n'eſt que pour échapper au déſavantage de cette augmentation des prix dans le Commerce, qu'ils ont fait eſpérer une diminution de dépenſe dans la maniere de vivre du Peuple chez lequel la réduction des intérêts ſeroit faite.

On a peine à ſe perſuader qu'ils ayent cru ſérieuſement qu'on peut changer auſſi facilement la maniere de vivre, & les goûts d'un Peuple entier.

Il n'eſt pas rare en France d'entendre crier au luxe : je ſuppoſe que d'après les définitions qui nous ont été données de ce terme, on eſt convenu généralement qu'il n'y a point de luxe abſolu, que ce n'eſt qu'un terme de rapport, que ce qui eſt luxe pour une perſonne, ne l'eſt pas pour l'autre, & ces idées fixées, je demande à tous les Spéculateurs ſur quoi ſe feroit la réforme.

On ne fait attention qu'à un petit nombre d'hommes dont la dépenſe frappe peut-être plus par le goût qui y regne que par la ſumptuoſité, & on ne jette pas les yeux ſur le tableau général qui eſt le même dans tous les pays. La dépenſe du commun du Peuple eſt à peu près la même dans tous les Etats ; il peut cependant s'en trouver dont la dépenſe de bouche, par exemple, ſoit moins forte : cela paroît devoir être chez un Peuple pêcheur ; la Mer lui fournit des alimens à moins de frais que la terre ne produit aux autres Peuples les denrées, mais cette épargne eſt un avantage que la ſituation des lieux peut ſeule donner.

Je veux bien convenir cependant qu'il regne peut-être plus d'éclat dans la maniere de vivre des François, que les commodités de la vie ſont plus multipliées dans ce Royaume que dans tout autre Etat, mais il faut conſidérer que toutes ces choſes ſont repréſentées par une partie de la maſſe des ſignes, & rendent d'autant plus baſſe la valeur numéraire des autres : ſi ces commodités n'exiſtoient pas, on vivroit moins agréablement, & la dépenſe ſeroit la même.

Croit-on d'ailleurs que ſi le Peuple François perdoit ce goût de luxe, toutes ces Modes, ces Arts, ces Manufactures qui forment ſon commerce ſubſiſtaſſent longtemps? Croit-on qu'elles euſſent été portées au point de perfection, où elles ſont de nos jours, & enfin que les François fuſſent parvenus à en donner le goût à l'Etranger, s'ils ne l'avoient pas eu eux-mêmes ? Qui ne voit pas que ce goût plus vif peut-être chez le Peuple François, ce plaisir de la jouissance, est le ressort de l'industrie ; que ce goût y est soutenu par la Nature même du Gouvernement Monarchique, où la magnificence inséparable du Thrône communique de rang en rang l'esprit de luxe à tous les ordres de l'Etat ? Je voudrois bien que dans ces spéculations générales on comptât pour quelque chose l'esprit particulier des Nations, leur goût, & quelquefois leur Gouvernement.

Cette augmentation de prix sur toutes choses avouée, il conviendroit d'examiner si elle n'est pas telle qu'elle absorbe peut-être, & au-de-là la diminution que peuvent accorder aux consommateurs étrangers les Négociants, en raison de cette baisse d'intérêt ; c'est cette branche de Commerce qu'il faut ſpécialement enviſager.

A ne conſidérer un Peuple qu'en lui-même, l'augmentation des prix eſt différente : tout ce qui en réſulte à l'égard de ce Peuple, c'eſt que toutes choſes ſont repréſentées par un plus grand volume d'eſpeces qu'auparavant, dans la proportion de valeur établie entr'elles ; mais cette augmentation de prix qui n'eſt rien à l'égard de ce Peuple en lui-même devient eſſentielle dans ſes rapports avec les Peuples chez leſquels il exporte ſon ſuperflu. Si les prix de toutes choſes deviennent tels que ces Peuples ne ſoient pas aſſez riches pour les payer, ou qu'une autre Nation leur porte les mêmes choſes à meilleur compte, cette augmentation ruine néceſſairement le Commerce, & l'agriculture du Peuple chez lequel elle ſe fait ; quels que puiſſent être les effets d'une réduction d'intérêt ſur l'Agriculture & ſur le Commerce, l'un & l'autre ne peuvent ſe ſoutenir que par l'exportation du ſuperflu.

Cette queſtion des effets d'une réduction d'intérêt ſemblera décidée au premier coup d'œil par l'Etat floriſſant du commerce des Peuples chez leſquels l'intérêt eſt plus bas. Mais il faut faire attention que cette baiſſe s'y eſt opérée naturellement, & que, quoiqu'une baiſſe naturelle d'intérêt produiſe à la longue une augmentation de prix ſur toutes choſes ; cette augmentation ne ſe fait pas en même proportion ; il y a ſur cela pluſieurs obſervations à faire.

Premierement, cette baiſſe naturelle s'opérant graduellement & inſenſiblement, ſi elle change la condition du Peuple, ce changement échappe au moins pendant un temps à sa vûe, les variations qui surviennent de temps à autre dans le Taux de l'intérêt, l'espérance de placer l'argent à un Taux plus haut, la liberté de le faire, tout cela devenant une affaire du hasard, & des circonstances, arrête l'augmentation de prix que produiroit la même baisse, si elle étoit forcée, & d'une quotité déterminée.

2°. Cette baisse naturelle étant l'effet de la circulation & de la confiance, il arrive peut-être que l'intérêt se rapproche plus du produit des fonds, que les fonds ne montent de prix, de même que lorsque la confiance diminue, l'intérêt monte plus dans le Commerce, que les fonds ne baissent de prix; & alors, l'augmentation qui peut résulter de cette baisse naturelle d'intérêt sur tous les objets du Commerce, n'est pas aussi considérable, que lorsque l'intérêt est réduit par une Loi, qui n'augmentant pas la confiance, fait monter les fonds de prix en même proportion que l'intérêt de l'argent ſe trouve réduit.

Enfin, il y a cette différence entre une baiſſe naturelle & une réduction forcée, que la baiſſe naturelle étant, comme je l'ai dit, l'effet de la circulation, & de la confiance, elle ne ſe fait néceſſairement qu'autant qu'elle favoriſe elle-même ces deux cauſes qui la produiſent; au contraire, une réduction forcée n'ayant de cauſe que la Loi, & cette réduction étant d'une quotité arbitraire, il en peut réſulter une augmentation de prix ſur toutes choſes, qui n'eſt pas connue, & telle qu'elle deviendroit peut-être contraire au Commerce, en arrêtant les exportations. De-là il s'enſuit qu'une réduction d'intérêt eſt toujours dangereuſe, & qu'elle l'eſt plus dans un Etat riche en productions, que dans celui qui ne commerceroit que de productions étrangeres.

Mais je veux aller aussi loin qu'il est possible en faveur des Loix de réduction, & leur accorder le même effet sur le Commerce & sur l'Agriculture qu'à une baisse naturelle d'intérêt ; on sera forcé de convenir que si une réduction peut avoir lieu, elle a un terme au-delà duquel cet acte de puissance devient inutile ; & ce terme à l'égard d'un Peuple est le Taux légal des Nations qui commercent en concurrence avec lui. Lorsqu'il a une fois réduit l'intérêt de l'argent au Taux de ces Nations, la voye de la réduction est épuisée, & si l'intérêt ne suit pas dans cet Etat la baisse qui se fait chez les autres Peuples, c'est qu'il y a moins de circulation, moins de confiance ; deux choses qu'une Loi de réduction ne donneroit pas.

C'eſt le ſeul cas où une réduction puiſſe avoir lieu. Le Prince peut par cette opération, quoique toujours dangereuſe, précipiter la baiſſe de l'intérêt au Taux légal des autres Nations, de même qu'il augmente ſon Etat militaire, lorſqu'un Peuple voiſin augmente le ſien; il peut, (ſi on peut parler ainſi,) ſe mettre en force relative de Commerce; mais la ſupériorité dépendra, comme auparavant, de l'induſtrie, du génie des Peuples, de la nature & de la ſituation des lieux, quelques réductions reſpectives d'intérêt que faſſent les Souverains dans leurs Etats.

Si la ſupériorité d'un Peuple dans le Commerce ne dépendoit que d'une Loi de réduction; il faut convenir qu'elle ſeroit bien facile à obtenir, & à perdre tout à la fois. Car, de même qu'un Prince peut dans ſon Etat réduire l'intérêt de l'argent, les Princes voiſins peuvent auſſi faire la même opération.

Le Taux légal de l'intérêt eſt aujourd'hui le même preſque dans toute l'Europe ; car il ne faut pas confondre avec une réduction générale l'opération qu'a fait le Gouvernement Anglois ſur les rentes dûes par l'Etat ; cette réduction ne regarde pas les conventions particulieres dans leſquelles on peut ſtipuler l'intérêt au même Taux qu'auparavant.

Cette réduction n'a été qu'une reſſource d'Etat produite par le crédit public : l'intérêt ayant baiſſé dans le Commerce, ce Peuple a tenté la voye de ſon crédit pour décharger l'Etat ; il a donné l'alternative à ſes Créanciers, ou de conſentir à la réduction de leurs intérêts, ou de recevoir le rembourſement de leurs capitaux : la confiance générale a rempli ſes vœux à cet égard ; les Créanciers ont consenti à la réduction. Cette opération ne pouvoit être faite que dans ce Gouvernement. Il falloit être bien sûr de l'option du Peuple pour la réduction, mais c'étoit la plus saine partie des Créanciers mêmes qui l'avoit déterminée.

Ces Loix de réduction, d'ailleurs, telles qu'elles puissent être, qui ne peuvent donner qu'un avantage momentané, ne changent pas la proportion de l'intérêt de l'argent au prix des fonds, en quoi réside souvent la différence des Taux de l'intérêt chez les Peuples, & presque toujours l'avantage réel d'un Peuple sur l'autre. C'est le cas où paroissent être entr'eux les Etats de France, d'Angleterre & de Hollande ; la difference du Taux de l'intérêt semble sur-tout résider dans une plus grande confiance chez un Peuple que chez l'autre ;

l'intérêt de l'argent paroît ſe rapprocher perpétuellement davantage du prix des fonds en Hollande qu'en Angleterre, & en Angleterre qu'en France ; ſi dans la proportion actuelle du prix des fonds en France au Taux des conſtitutions de rente, l'intérêt étoit à trois pour cent, les fonds ne donneroient pas un pour cent ; il n'y a point de Peuple en Europe chez lequel ils ſoient à ce prix.

La Loi des hypotheques a lieu en France : mais cette Loi n'aſſure à un Prêteur ſon capital qu'autant que l'Emprunteur n'a pas donné d'hypotheques antérieures qui abſorbent la valeur de ſes biens ; & nous n'avons pas comme en Hollande des tableaux publics où ſoient conſignés ces engagemens, ni comme en Angleterre une Loi qui décerne une peine contre les Débiteurs dont le prix des biens ne ſe trouve pas ſuffiſant pour acquitter leurs dettes.

La multitude de nos Coutumes de France, les différens degrés de Juriſdiction, la facilité des faillites, des abandons ou ceſſions de biens; enfin, les formes judiciaires ſont encore autant de cauſes qui y tiennent l'intérêt de l'argent à un Taux plus haut qu'il n'eſt dans ces Etats.

La contrariété de ces Coutumes ſur les mêmes objets, leur localité, forment un nuage ſur les propriétés & ſur les actions, (j'entends les droits qu'on peut avoir à exercer ſur les biens,] lequel laiſſe une défiance dans les prêts que la facilité que trouvent les Débiteurs à tromper leurs Créanciers par des ceſſions ou abandons frauduleux de biens, & les formes judiciaires, accroiſſent encore.

Il faut ſe rappeller ici qu'il n'y a en France que les dettes contractées par lettres de change ou pour affaires de Commerce qui rendent les Débiteurs sujets à la contrainte par corps*, & encore à l'égard des dettes du Commerce, la cession de biens met souvent le Débiteur à couvert de toute contrainte; il n'y a à l'égard des autres dettes que la voye de la saisie des biens, c'est la nature de la dette, & non l'insolvabilité qui donne la contrainte par corps.

Rien n'est si commun que ces cessions de biens & ces faillites faites en fraude des Créanciers, & généralement les formes judiciaires, dont le coût est toujours pris sur les biens des Débiteurs, y sont longues & dispendieuses.

Il n'en est pas ainsi en Hollande, ni en Angleterre; il n'y a pas cette multitude de Loix locales, ni tous ces degrés de Jurisdiction que for-

* Elle a lieu dans quelques autres cas, mais ils sont étrangers à cette matiere.

ment les Juſtices patrimoniales en France, & qui éterniſent quelquefois les conteſtations. On n'y connoît pas non plus cette multiplicité de formes judiciaires toujours longues, & toujours diſpendieuſes, & cependant devenues néceſſaires & indiſpenſables dans l'inſtruction des affaires.

Rien n'eſt plus propre à donner la confiance que la Loi d'Angleterre contre l'inſolvabilité. Cette Loi qui paroît dure, y eſt très-utile au Commerce : la ceſſion de biens ſi uſitée en France n'eſt qu'un abus qui y détruit la confiance ; ce n'eſt pas qu'on ne puiſſe laiſſer cette reſſource au malheur, l'humanité ſemble le reclamer. Mais il faudroit diſtinguer davantage le cas d'infortune d'avec la fraude qui doit toujours être punie, & d'avec la mauvaiſe conduite des Débiteurs, qui mériteroit ſouvent de l'être. Cette rigueur n'a pas lieu en Hollande ;

les tableaux publics où ſont inſcrits tous les fonds engagés par les Propriétaires, y rendent cette Loi moins néceſſaire qu'en Angleterre. Cette Loi ſupplée dans ce dernier Etat aux tableaux publics du premier.

Il ne ſeroit pas auſſi difficile qu'on ſe le perſuade depuis long-temps, de ramener en France toutes les Coutumes à l'uniformité, & moins encore d'y prévenir les fraudes des Débiteurs.

La Loi d'Angleterre ſeroit trop dure en France avec les formes judiciaires qui y ſont établies; mais nous avons des Coutumes qui ont une diſpoſition, laquelle, ſi elle étoit étendue à tout le Royaume, y tiendroit lieu des tableaux publics de la Hollande.

Ces Coutumes s'appellent Coutumes de nantiſſement. Pour acquérir hypotheque ſur les biens ſitués dans l'étendue de ces Coutumes, il faut faire inſcrire dans un regiſtre de la Juriſdiction ſous laquelle ſont régis les biens, l'acte de prêt fait au Propriétaire, ce qu'on appelle ſe faire *nantir*; le premier Créancier nanti ſur les biens, eſt le premier en hypotheque, qu'on ne peut acquérir ſans cette formalité *. Il eſt évident que ſi ces Loix étoient en vigueur dans toute la France, les ſuretés des Prêteurs deviendroient plus grandes, les prêts plus faciles & plus communs, & qu'il ſe feroit une baiſſe d'intérêt en proportion avec la diminution des riſques.

Ces Loix auroient auſſi cet avantage de rendre le Commerce plus facile à entreprendre; un Particulier trouveroit à emprunter juſqu'à la valeur preſqu'entiere de ſon bien pour former un commerce, parce

* Il faut excepter les comptes de Tutele, & les contrats de mariage qui y emportent hypotheque ſans cette formalité.

que le Prêteur pourroit devenir certain qu'aucun Créancier inconnu ne viendroit lui disputer son hypotheque. Il n'auroit qu'à consulter les registres de nantissement. Aujourd'hui à peine trouve-t-on à emprunter jusqu'à la dixieme partie de son bien, il faut le vendre dès qu'on a besoin de capitaux qui approchent de sa valeur. Combien ces difficultés n'arrêtent-elles pas d'hommes ? Tel emprunteroit jusqu'aux trois quarts de la valeur de son bien qui ne voudroit pas en vendre la dixieme partie, quelqu'avantageuse que fût la spéculation du Commerce ; il y a mille raisons de cela, qu'on peut mieux sentir qu'on ne peut les expliquer.

On a déjà tenté d'étendre à toute la France la disposition de ces Coutumes. En 1673, temps où l'on vit naître le Commerce en France par les soins de M. *Colbert*, ce Ministre porta ſes vûes ſur cet objet; il projetta une Loi générale priſe de l'eſprit des Coutumes de nantiſſement qui fut enregiſtrée au Parlement de Paris le vingt-neuf Mars de la même année. Cette Loi aſſujettiſſoit tous les Créanciers hypothéquaires à former, pour la conſervation de leurs hypotheques, une oppoſition à des Greffes Royaux indiqués, & dans l'étendue & Juriſdiction deſquels ſe trouvoient ſitués les biens qui avoient été affectés à leurs créances ; cette Loi auroit pû être plus ſimple, & elle ſeroit devenue plus utile dans ſes effets, & plus facile dans l'exécution : le délai qu'elle accordoit pour former cette oppoſition, l'effet rétroactif de cette oppoſition au jour que les actes avoient été reçus devant Notaire, ou les jugemens rendus, lorſqu'elle avoit été faite dans le délai fixé, étoient plus propres à aſſurer aux Créanciers l'hypotheque qui leur avoit été donnée par leurs Débiteurs contre des ventes frauduleuſes, ſuivies quelquefois de decrets volontaires qui ne ſont pas toujours aſſez connus, qu'à montrer l'état des affaires des Particuliers dans le temps que l'on contracte avec eux; ce qui eſt l'objet principal, & l'eſprit des Coutumes de nantiſſement.

Cette Loi n'a pas été ſuivie; la formalité du nantiſſement a même été reſtreinte dans ces Coutumes aux hypotheques réſultantes des actes reçus devant Notaires par un Arrêt de Réglement du mois de Juillet de la même année; il ne reſte aujourd'hui de cette Loi que la voye de conſerver par une oppoſition les hypotheques données ſur les rentes de l'Etat, & ſur les offices Royaux.

On crut ſans doute alors voir quelque danger à rendre ainſi publiques les fortunes des Particuliers ; il eſt clair cependant que cette publicité ne peut être contraire qu'à la mauvaiſe foi & au peu de conduite de quelques Citoyens lorſqu'elle ſeroit généralement utile, en donnant un moyen de les connoître.

Ce ſont donc des Loix priſes de l'eſprit de ces Coutumes, des Loix qui donnent la confiance, & non des Loix de réduction, qui peuvent faire baiſſer le Taux de l'intérêt d'une maniere utile à l'Agriculture & au Commerce *.

Ce n'eſt que par la confiance qu'on doit opérer une baiſſe d'intérêt, qui eſt ſon effet naturel & néceſſaire : on n'a jamais fait aſſez d'attention à la liaiſon de ces choſes : l'intérêt a toujours été en raiſon de la confiance, malgré les Loix de fixa-

* Cette baiſſe d'intérêt n'étant que l'effet de la confiance, elle ne produiroit aucune augmentation ſur le prix des fonds.

tion. Après l'abolition des dettes à Rome ſous le Gouvernement Républicain, cette opération ayant détruit la confiance, l'intérêt n'eut plus de bornes.

Nous avons vu ces effets de la défiance ſe faire ſentir en France ſous le dernier Regne, dans un cas à-peu-près ſemblable : les lettres d'État accordées à quelques Gentilshommes ruinerent le crédit de toute la Nobleſſe ; elle paya généralement le prix des riſques de cette reſſource inventée pour quelques-uns d'eux.

J'ai fait voir que le prix des fonds eſt indépendant de la maſſe des eſpeces ; que la circulation eſt la cauſe premiere qui le détermine généralement chez les Peuples ; qu'il eſt l'objet de comparaiſon du Taux de l'intérêt que la confiance acheve de déterminer, quelles que ſoient les Loix de fixation & de réduction ; que la confiance naît dans les conventions publiques de la nature des Gouvernemens, & de la comparaiſon des charges & des reſſources de l'Etat; & encore dans les conventions particulieres, des Loix ſur les propriétés & ſur les prêts ; enfin des formes judiciaires pour contraindre les Débiteurs *. Il en faut donc conclure, que par-tout où la nature des Gouvernemens, les Loix ſur les propriétés & ſur les prêts, enfin, les formes judiciaires comporteront la confiance néceſſaire, ou, ce qui eſt la même choſe, feront trouver une ſûreté entiere dans les prêts ; que par-tout où cette confiance ſera établie ſans contradiction, la circulation donnera dans cet Etat l'intérêt de l'argent au Taux le plus bas.

* Il n'auroit peut-être pas été inutile d'entrer dans de plus grands détails ſur cette matiere : mais on ne s'eſt propoſé que d'établir le principe général des rapports néceſſaires qu'ont avec l'intérêt de l'argent les Gouvernemens & les Loix, comme les fondemens de la confiance.

FIN.

TABLEAU de Rembo
en 70 ans, avec un Mi
sommes am

Sommes acquittées à la fin de chaque an

1re Année. Capital donné

2e Année. Intérêts
Capital donné
Total des sommes remboursée
à la fin de la 2e Année

3e Année Intérêts
Capital donné
Total

4e Année. Intérêts
Capital donné
Total

www.ingramcontent.com/pod-product-compliance
Ingram Content Group UK Ltd.
Pitfield, Milton Keynes, MK11 3LW, UK
UKHW020947180726
13838UKWH00003B/1168